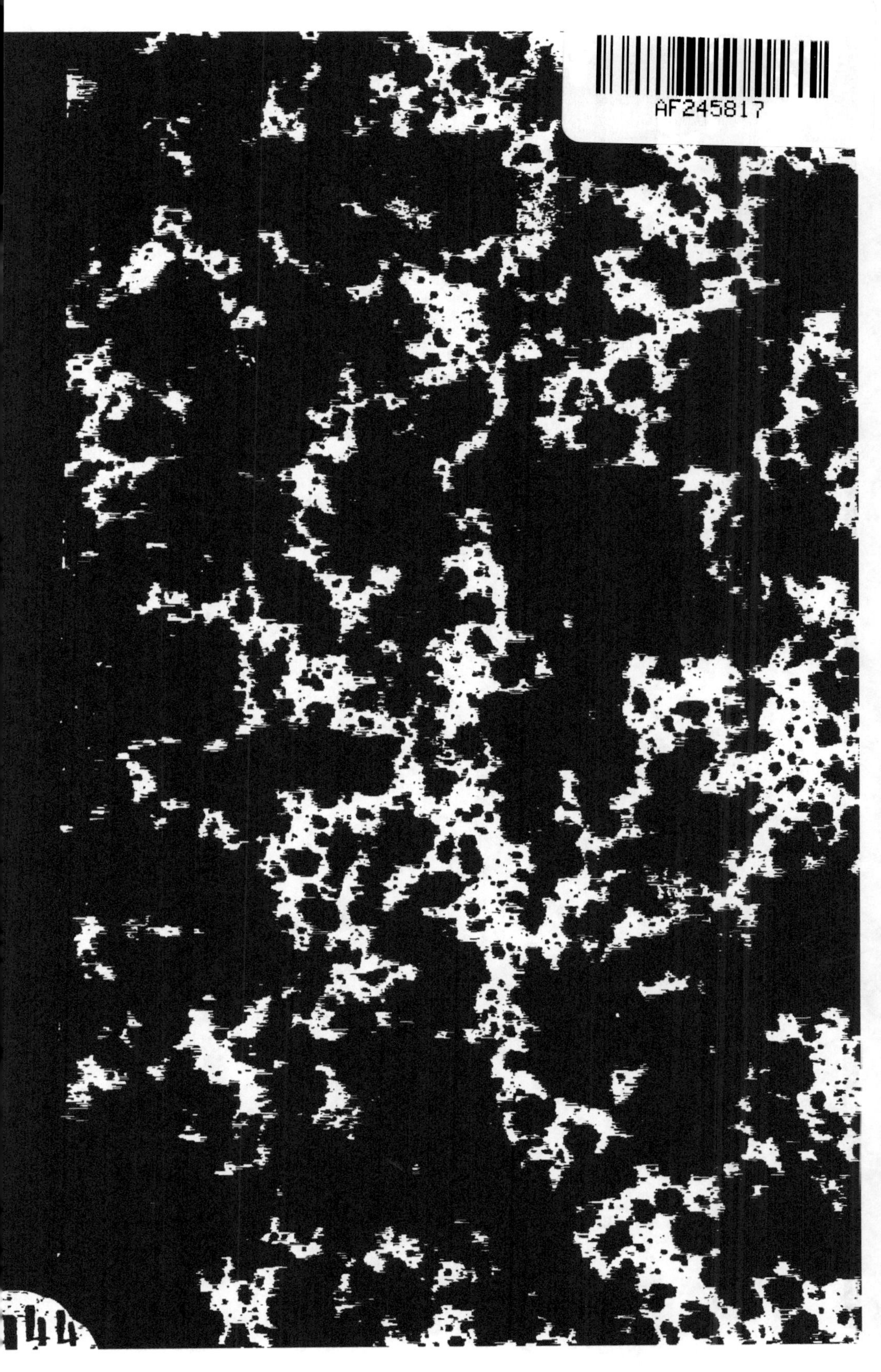

AF245817

TRAHISONS

DE

1814.

PARIS. — IMPRIMERIE DE FÉLIX LOCQUIN,
rue N.-D.-des-Victoires, 16.

TRAHISONS

DE

1814.

PAR DINEUR,

Administrateur de l'ancien département de Rhin-et-Moselle.

PARIS

L. ROSIER, ÉDITEUR,

RUE GUÉNÉGAUD, N° 19.

—

JUIN M DCCC XXXIV.

TRAHISONS

DE

1814.

Tour patriote doit à ses concitoyens la communication des faits qui peuvent les intéresser , quand ces faits sont parvenus à sa connaissance d'une manière certaine : c'est à ce titre que je publie le petit écrit qu'on va lire.

Il ne s'agit que du récit exact et simple d'événemens qui se rattachent à l'invasion de la France en 1814, restés inconnus à tous.

Ce récit est destiné à prouver que l'empereur Napoléon, trompé par Marmont, ne croyait point à cette invasion, dédaignait les avis qui lui en étaient donnés, et avait foi entière dans les rapports confidentiels du maréchal mitrailleur, lequel affirmait qu'aucune troupe ne se trouvait sur la rive droite du Rhin, alors que lui-même s'apprêtait à leur faciliter l'entrée de la France, pour les diriger ensuite sur Paris.

J'établirai que la conduite du maréchal Marmont a été celle d'un chef d'armée en intelligence avec l'ennemi; qu'il est coupable de tous les désastres, de tous les maux de la patrie à cette époque de larmes et de deuil pour elle. *On n'en doutait déjà plus*, lorsque, par la capitulation signée sous Paris, il eut permis de saisir la personne de l'Empereur, en stipulant seulement sa vie sauve; mais on était resté sans preuve.

Je démontrerai que le maréchal Marmont pouvait s'emparer, dans Vitry-le-Français, de l'empereur de Russie, du roi de Prusse et de lord Castelreagh; qu'au lieu de procurer cette gloire aux armes de la France, il se travestit en paysan, et se rendit dans le camp des alliés, où était arrivé la veille M. de Polignac, envoyé par les conjurés de Paris; que ce fut au moment même où l'ennemi évacuait la France, lorsqu'il était en retraite, et que tout était déjà emballé sur les bords du Rhin pour repasser ce fleuve, que le maréchal Marmont et M. de Polignac firent, en vingt-quatre heures, changer ces dispositions d'une retraite qui eût été si heureuse pour le pays, et si fatale pour les rois coalisés.

Avant d'exposer les faits, je dois dire comment je fus amené à écrire la lettre dont je vais rapporter le texte entier, parce que d'elle est née l'idée d'une notice que je crois appelée à remplir une lacune dans les annales de notre histoire, et qui apprendra à la France comment la perte de Napoléon devint l'œuvre de l'ingratitude et de la trahison.

Je partis de Coblentz pour Paris le 5 décembre 1813, à l'effet d'entretenir particulièrement M. le comte de La Valette, directeur-général des postes, avant les événemens dont je pressentais le résultat prochain. A mon arrivée, je reçus de

M. le comte de Montalivet, ministre de l'intérieur, l'ordre impératif de retourner immédiatement à mon poste, et d'y être rendu pour le 20.

J'allai faire une visite de départ à M. le maréchal Lefèvre, qui me pria de lui envoyer tous les renseignemens que je pourrais recueillir, à mon arrivée à Coblentz, sur les mouvemens de l'ennemi. Voici la lettre que je lui écrivis de Coblentz, le 22 décembre :

« MONSIEUR LE MARÉCHAL ,

» J'arrive et l'on s'est déjà empressé de venir me donner les renseignemens que vous désiriez que je pusse me procurer et vous transmettre sur la situation des armées étrangères ; vous pouvez croire à leur véracité : ils proviennent d'une personne qui, malgré le cordon militaire considérablement augmenté depuis huit jours, a passé le Rhin pendant la nuit pour rentrer à Coblentz.

» L'armée russe est campée sur les hauteurs de Montabaur, cachée devant notre ville, par le fort d'Ehrenbreistein. Elle est très-forte.

» Il y a trois cents pontons dans la Lahn pour passer le Rhin au-dessus de Coblentz.

» Le grand parc de leur artillerie est dans la plaine de Bendorff, située de l'autre côté entre notre ville et celle d'Andernach.

» On me prévient que partout sur la rive droite les préparatifs sont achevés pour le passage du Rhin, et qu'on y dit publiquement que les opérations militaires pour porter les armées étrangères sur notre territoire, auront lieu avant huit jours.

» J'ai confiance dans la personne qui m'a donné ces détails, et qui m'assure qu'il y a tout à craindre ici d'un moment à l'autre: aussi je crois, monsieur le Duc, que je n'aurai peut-être plus le temps de vous donner d'autres nouvelles avant que l'ennemi ait opéré sur la France: si cependant j'apprends encore quelque chose, je m'empresserai de vous en informer.

» J'ai l'honneur d'être avec une haute considération,

» Monsieur le duc,

Votre très-humble et très-obéissant serviteur,

DINEUR,

Conseiller de préfecture.

Tout se passa comme je l'avais annoncé. Je revins à Paris. Quelque temps après mon retour, je reçus de M. le duc de Dantzig le billet suivant :

« Monsieur, je vous prie de venir causer avec nous demain dans la matinée.

» J'ai l'honneur de vous souhaiter le bonsoir. »

Maréchal LEFÈVRE.

Ce 10 février 1815.

Étant chez lui, M. le maréchal me fit part des circonstances suivantes : il avait été, aussitôt ma lettre reçue, la faire lire à l'Empereur, qui lui avait dit : « Ces renseignemens ne sont pas exacts ; le maréchal Marmont m'a écrit qu'il n'y a pas de troupes devant lui. » Rien ne peut mieux prouver la confiance de l'Empereur et sa sécurité.

J'étais mortifié, ajouta le maréchal Lefèvre, car sur votre lettre j'avais le ton d'assurance qu'elle m'inspirait : aussi trois jours après, quand vint la nouvelle du passage du Rhin sur les points que vous aviez indiqués, je retournai auprès de l'Empereur, et je lui dis : Eh bien ! était-ce Marmont ou Dineur qui avait raison? Sur cela, il me semble encore, ajouta le maréchal, voir l'Empereur faire un signe d'attention pour rappeler ses souvenirs et me répondre : Mais que faisait donc le maréchal Marmont, pour ne pas savoir qu'il y avait des troupes devant lui (1) ?

Ce qu'il faisait ! il trahissait l'Empereur et la France.

Le corps d'armée du maréchal Marmont s'étendait sur dix-huit lieues du Rhin, depuis Spire, Mayence, jusqu'à Coblentz.

Et le corps d'armée du maréchal Macdonald, depuis Juliers, Cologne, jusqu'au dessous de Coblentz, occupait aussi le Rhin sur une pareille étendue de dix-huit lieues.

Pendant plusieurs mois les sentinelles des armées combinées restèrent placées sur la rive droite du Rhin, en face des sentinelles françaises, et des

(1) C'est aux souvenirs de ces circonstances que je dus d'être désigné par l'empereur lui-même pour la sous-préfecture du chef-lieu du département de la Vendée, dans les cent jours, lorsqu'il vit mon nom, présenté par Carnot, pour une autre place, que son ancienne amitié m'avait laissé le maître de choisir.

deux côtés aucun corps de troupes ne se montrait.

Le maréchal Marmont avait envoyé à Coblentz le général Ricard, son chef d'état-major, prendre le commandement d'une division de son corps. Durant les quatre mois qui suivirent, sans action militaire, et les sentinelles se tenant l'arme au bras en face l'une de l'autre, le général Ricard avait fait construire des redoutes formidables au devant de l'embouchure de la Lahn, rivière qui se jette dans le Rhin près de Coblentz ; il avait aussi fait élever des batteries dans l'île d'Oberwerth, entre la ville et ces redoutes ; enfin, par ses soins et son activité, tous ces ouvrages avaient été hérissés de canons et disposés à servir efficacement, si les compagnies de canonniers eussent encore été à leur poste ; mais ils ne servirent point lorsque l'ennemi se présenta, parce que ces canonniers en avaient été retirés, et il est même remarquable que ce fut précisément de ce côté que les coalisés opérèrent leur invasion principale, tant Marmont avait pris soin de lever tous les obstacles, et de faciliter un passage qui eût pu devenir sanglant et trop coûteux à la coalition.

Dix jours avant l'invasion, le maréchal Marmont était venu pour la première fois à Coblentz, non pour s'occuper de la défense du territoire (il ne resta que quarante-huit heures dans la ville), mais seulement pour se concerter avec le général Ricard sur la retraite à faire, et pour la combiner entre eux.

A son départ, passant devant les batteries de l'île d'Oberwerth et devant celles des redoutes à l'embouchure de la Lahn, par où l'ennemi pénétra en France, le maréchal Marmont descendit de sa voiture pour aller lui-même ordonner aux officiers d'artillerie d'enlever les canons placés sur ces points fortifiés; puis il continua sa route vers Mayence.

Le général Ricard était donc convenu d'effectuer sa retraite : elle eut lieu immédiatement, tant avec l'artillerie qu'avec toutes les troupes de sa division, sans attendre que l'ennemi eût fait au moins la plus légère démonstration d'attaque. Les habitans se virent tout à coup livrés et envahis, eux qui se seraient si bien prêtés à une défense patriotique (A).

Enfin, ce fut quand le général Ricard était parti

de Coblentz depuis trois jours, qu'il n'y avait plus une seule de nos sentinelles sur notre rive, et quand ce général était déjà retiré du Rhin à plus de quinze lieues dans l'intérieur de la France, que, le 31 décembre 1813, à la nuit, sur les trois cents pontons dont la destination avait été annoncée par ma lettre du 22, on fit traverser le Rhin à l'armée russe, qui eût été entièrement foudroyée et détruite, si l'on eût conservé l'artillerie dans les redoutes, et si l'on eût fait appuyer les artilleurs par les troupes de la division qui semblait fuir.

En abandonnant tout à coup Coblentz, le général Ricard n'avait donné aucun avis, aucune instruction, ni au préfet, ni au général Guérin qui commandait le département, et qui était étranger à l'armée. Personne ne s'aperçut de son mouvement de retraite, tant il avait été préparé avec mystère !

Malgré cet abandon, on passa encore à Coblentz, dans une parfaite sécurité, toute la journée du 31. Vers quatre heures, je chassais sur les bords du Rhin, quand les douaniers, en alarme, accoururent vers moi pour m'engager à fuir, m'avertissant que les Cosaques étaient dans le village de

Neufdorff, situé à huit cents pas de la ville. Je rencontrai près du pont de la Moselle le commissaire de police, et je le chargeai d'aller prévenir le général Guérin de l'occupation de Neufdorff par les Cosaques.

Une heure après avoir fait donner cet avertissement au général Guérin, je me transportai chez lui. Son inquiétude était grande. Il me déclara que le général Ricard était parti depuis trois jours, emmenant avec lui toutes les troupes, qu'il n'y avait plus un soldat en ville, ni dans le département; et il ajouta : « Je n'ai pu rassembler que quelques gendarmes; mais arrivé à l'extrémité du pont de la Moselle, j'ai vu dans la plaine plus de quatre mille hommes qui déjà avaient passé le Rhin au-dessous de Neufdorff; je ne sais ce que nous allons devenir; je vais me concerter avec le préfet. »

Je courus aussi à la préfecture; il y avait été résolu de mettre les caisses publiques à l'abri, et le général Guérin, dans cette vue, se hâta fort à propos de partir vers neuf heures du soir avec le préfet, M. Doazan, qui se borna à me prévenir que si ce n'était qu'une alerte, il reviendrait le lendemain. Nouvelle preuve que l'invasion était imprévue; que là où elle devait commencer, on ne s'y attendait pas : seuls les chefs ordonnateurs de la retraite de nos troupes, en avaient connaissance, et s'étaient abstenus d'en instruire l'Empereur.

On a vu que trois jours avant l'invasion le général Ricard avait emmené toutes les forces militaires avec lui, qu'il avait quitté la rive du Rhin, et l'avait laissée sans aucune espèce de défense ; tandis que, de son côté, le maréchal Marmont se retirait aussi, afin de se réunir, chacun avec ses troupes, à un point convenu, pour précéder l'ennemi, le diriger en quelque sorte, et venir devant Paris signer cette honteuse capitulation qui livra aux Anglais, nos ennemis les plus implacables, et sans aucune réserve, la capitale, ses richesses, ses monumens, la France entière, ainsi que la personne de l'Empereur. La France eût été, par suite de cette capitulation, totalement anéantie, effacée de la liste des nations européennes, si lord Castelreagh, dans l'enchantement du succès, eût pu calculer toutes les conséquences de ce succès imprévu : point de doute, la France et la famille impériale auraient éprouvé le sort de Mysore et des Tippoo-Saïb. On ne m'accusera pas ici d'exagération, quand on saura que les Anglais, pour s'autoriser à des excès, avaient fait fabriquer des fichus et des mouchoirs, mis aux mains des populations armées, représentant Napoléon avec une auréole de têtes ensanglantées! A l'appui de ce trait hideux, ce qui le surpasse est ce mot de Castelreagh, arrivant à Paris, qu'il voudrait pouvoir faire *sombrer la France!!!* Aussi demanda-t-il, après les événemens de 1815, que Napoléon lui fut cédé pour le jeter vivant au sein de cette fournaise ardente de Sainte-Hélène.

Les Russes, les Prussiens, les Hessois, les Bavarois étaient déjà à plus de trente lieues de la frontière franchie, conduits par Marmont, que le maréchal Magdonald, ainsi tourné, tenait toujours et défendait la rive du Rhin depuis la Nette, près de Coblentz, jusqu'à Cologne et Juliers. Ce ne fut que plus de quinze jours après l'invasion, et à la dernière extrémité, que le maréchal Magdonald se retira, ayant derrière lui le débordement des armées que je viens de citer, et devant lui celles de Suède et de Germanie. Sa position était devenue des plus critiques. Il s'en est expliqué avec franchise. On lui a entendu dire bien des fois, qu'il n'avait quitté le Rhin, que parce que sa droite avait été entièrement dégarnie. C'était celle abandonnée par Marmont. Si l'on avait donné à Marmont l'ordre de se retirer devant l'ennemi avant d'en être attaqué, assurément le maréchal Magdonald l'aurait également reçu.

Le passage du Rhin fut effectué avec la précaution de jeter, vers la fin du jour, quatre mille hommes au-dessous de Coblentz, pour reconnaître et s'assurer qu'il n'y avait plus aucune force à craindre, et que tout le corps d'armée du maréchal Marmont était réellement parti. L'armée russe en masse déboucha au-dessus de la ville par la rivière de la Lahn. Cette opération eut lieu sans résistance, ce qui n'empêcha point les Russes de faire un feu très-nourri sur la ville. Vers minuit, ils occupèrent toutes les places et les avenues de Coblentz, et à l'aube du jour, les soldats se répandirent dans toutes les rues; défense leur ayant été faite de pénétrer dans les maisons, on les voyait venir frapper aux portes et aux fenêtres, pour demander de l'eau-de-vie, ayant tous de l'argent à la main, pour la payer, ce qui surprenait les habitans.

La contenance des chefs et des officiers russes caractérisait, chez eux, une profonde inquiétude, qu'ils ont justifiée par les mesures de sûreté qu'ils adoptèrent aussitôt qu'ils eurent mis le pied sur notre territoire. Ils ne faisaient que répéter le nom de Napoléon, et s'informer quelle était la force de son armée. L'effroi de ceux qui ne parlaient ni français, ni allemand, était visible; un officier russe, enfant de seize ans, qui me dit être natif de Moscou, me demanda, avant toute chose, si Napoléon avait plus de douze cent mille hommes? S'il en avait la moitié, lui dis-je, il serait chez vous.

L'armée russe fut suivie le lendemain par une partie de l'armée prussienne, et par quelques autres de la confédération. Toutes les armées n'ont eu que quatre jours pour se précipiter sur la France et l'inonder. Encore fût-ce à l'aide d'un Français, M. Fournet, ingénieur en chef des ponts et chaussées du département. M. Fournet avait reçu l'ordre du général Guérin de faire couler bas le pont-volant de Coblentz; au lieu d'obéir à cette injonction, il s'était contenté de le démonter : à la demande de l'ennemi, il le rétablit à l'instant même. Avec ce pont-volant, qui contenait trois mille hommes par traversée, l'ennemi, en quatre jours, avait fait passer en France toutes ses troupes, son artillerie, ses munitions et ses bagages. Ce service officieux fit conserver à cet ingénieur le paiement de son traitement par les Russes et les Prussiens.

M. Dumaine jouit d'une faveur semblable. Directeur des domaines et de l'enregistrement, il consentit aussi à faire recevoir par ses agens tous les droits et revenus de son administration : de manière que ces deux Français coopérèrent à nos malheurs, en fournissant les secours et les ressources qui dépendirent d'eux, et les plus précieux, aux ennemis de leur pays.

On peut assurer que si le maréchal Marmont, fidèle à ses devoirs, eût seulement conservé son corps d'armée sur le Rhin, avec mine de se défendre, les alliés ne seraient pas venus à Paris en 1814. Il aurait suffi pour cela d'imiter l'armée ennemie, de serrer et augmenter aussi le nombre de nos sentinelles, comme elle venait de le faire dix jours avant son passage. Cette démonstration lui eût fait croire que nos forces pouvaient être nombreuses et renforcées. L'ennemi, inquiet alors, aurait dû essayer des attaques pour s'assurer des forces françaises capables de lui résister, surtout à l'embouchure de la Lahn, où les batteries, construites et armées comme elles l'avaient été, auraient fait renoncer à toute tentative de passage : ces simples dispositions de défense eussent au moins exigé quelques jours de plus pour effectuer un passage défendu. Eh bien ! si un retard de quatre jours aurait été obtenu par de telles apparences de forces, la France eût été préservée de cette funeste invasion : le ciel venait à son secours, comme il était venu, en 1812, au secours de la Russie.

En effet, le 5 janvier 1814, un si grand froid est survenu, que le Rhin charriait des glaçons énormes, qui ont empêché l'usage du pont-volant de Coblentz, des pontons, des bateaux et des nacelles. Il est donc bien certain que la moindre résistance eût fait atteindre le moment de la gelée ; les opérations militaires étant impossibles, peut-être que les coalisés eussent renvoyé l'exécution de l'entreprise au printemps ; et dans tous les cas la France, avertie des desseins des barbares, aurait eu le temps de se préparer aux moyens de défense que l'Empereur eût cru devoir adopter.

Eh ! pourquoi le maréchal Marmont abandonnait-il à l'ennemi les dix-huit lieues du Rhin confiées à son armée ? Pourquoi les avait-il quittées partout au même instant, trois jours avant le passage de l'ennemi, sans être aucunement attaqué ? Enfin, pourquoi, s'il savait, avant de se retirer, comme on ne peut le révoquer en doute, le mouvement prochain des Russes, le laissa-t-il ignorer à l'Empereur, le trompa-t-il dans ses rapports, ne l'informa-t-il pas même de sa retraite ? Et quand ce maréchal gagna Soissons avec son corps d'armée, l'Empereur crut recevoir de lui un renfort. La félonie avait commencé son œuvre, que devait accomplir bientôt la capitulation de Paris.

Au retard de l'invasion, qu'il était si facile d'obtenir, se seraient réunies d'autres circonstances pour aider tout naturellement la France à se tirer du malheur qu'elle avait trouvé en Russie ; car, pour y concourir aussi, des divisions d'intérêt et de politique seraient survenues entre les alliés, qui n'étaient pas tous d'un parfait accord. Il est de notoriété qu'il en existait déjà aussitôt après le passage du Rhin, entre l'Angleterre et l'Autriche.

La France entière ne sait pas encore qu'après les hostilités commencées sur son territoire, l'Angleterre, par lord Castelreagh, apercevant les premiers avantages obtenus pour satisfaire sa haine profonde contre Napoléon, avait osé demander à l'empereur d'Autriche son consentement pour faire descendre du trône le guerrier français et les siens. La réponse de l'empereur d'Autriche avait été celle-ci : « Qu'il ne consentirait jamais à ce que
» son gendre cessât de régner en France ; que sa
» volonté sur ce point était absolue. — Et alors
» l'Angleterre fut obligée d'avouer publiquement
» qu'elle avait dû céder à cette volonté, qui était
» inflexible, parce que ce monarque, par un seul
» mouvement de cent mille hommes, pouvait
» faire changer les destins, et qu'en conséquence
» l'Angleterre avait dû laisser continuer les négo-
» ciations de paix à Châtillon, et ajourner son
» parlement au 1er avril. »

Voilà ce que les journaux allemands du mois de février 1814 ont publié, et ce qui fut textuellement traduit en français dans la Gazette de Liége, où je l'ai lu, à mon retour à Coblentz, dans les premiers jours de mars : car, par ordre d'un Français qui commandait l'avant-garde de l'armée russe, M. le comte de Saint-Priest, deux jours après être entré à Coblentz, il m'avait fait prendre et conduire en ôtage, à Francfort, avec trois autres Français, dont deux sont encore à Paris : l'un ancien aide-de-camp, et l'autre professeur depuis 1816 à l'école de droit. Nous pensions que notre enlèvement avait eu pour objet la garantie de la personne de l'émigré comte de Saint-Priest. Cette mesure devint bientôt inutile, puisque cet émigré fut atteint mortellement par la même batterie de 36 pièces qui tua le général Moreau et qui tira sur l'armée russe, par ordre du maréchal Lefèvre, au moment où cette armée se découvrit et avança près de Soissons, sans doute avec trop de confiance, ne s'attendant pas à trouver là un autre corps que celui du maréchal Marmont qui l'avait protégé jusqu'à ce point. « Je vous rapporte ce fait, me dit un jour le maréchal Lefèvre, comme je l'ai dit aussi à *Monsieur, comte d'Artois*, lorsqu'il me témoignait le regret qu'il éprouvait de la perte de M. le comte de Saint-Priest. »

Afin de faire connaître l'opinion des Allemands sur la conservation de Napoléon au trône et du territoire français dans les limites du Rhin, je dois encore parler de notre envoi comme ôtages à Francfort. Dès notre arrivée dans cette ville, notre escorte russe nous remit entre les mains de l'officier autrichien qui commandait la place. Je fus le premier interrogé par lui. En apprenant que j'étais né à Mons, il sourit, et me dit : « Ah ! vous n'êtes pas Français. » Je lui déclarai que je l'étais depuis plus de vingt-cinq ans (1). Il exprima sa surprise de notre arrestation, qui n'était point motivée, en entendant nos qualités de juge, d'administrateur et de professeur. Ce vieux militaire avait été, avant la révolution française, en garnison à Mons ; *il avait logé chez un de mes oncles,* et il avait servi sous les ordres d'un de mes parens, qui, de colonel du régiment de la Tour, devint l'adjudant-général de S. A. I. l'archiduc Charles. Cette circonstance nous le rendit utile : il

(1) L'auteur a été secrétaire de la commune de Paris, sous Bailly, après avoir été, le 14 juillet 89, un des basochiens vainqueurs de la Bastille, comme l'a attesté le général Lafayette, à la tribune de la Chambre, dans la séance du 23 janvier 1833.

s'empressa de me dire qu'il aurait soin de nous; et il tint parole.

Dans les premiers jours de février, ce commandant autrichien nous fit venir à son état-major, pour nous déclarer que nous étions libres, que nous partirions le jour qu'il nous plairait. Nous demandâmes pour le lendemain les voitures qu'il voulut bien nous offrir.

La guerre était encore loin d'avoir atteint son terme; cependant ce commandant nous dit affectueusement : « On va bientôt faire la paix avec Napoléon, qui probablement gardera le pays de la rive gauche du Rhin. » Telle était, sans doute, l'opinion générale sur la politique admise en Allemagne; et ce fut le 6 février 1814 qu'il nous tint ce langage. Cela prouve bien que sans l'Angleterre, qui joua l'empereur d'Autriche, Napoléon eût conservé sa couronne, et la France sa frontière du Rhin.

C'est parce que ce grand homme a connu les sentimens de son beau-père, ainsi déçu par les Anglais, qu'il a pu, jusqu'à la mort, garder un silence profond sur la médiation qu'il avait droit d'attendre et de lui et du roi de Prusse.

A peine étions-nous de retour de Francfort à Coblentz, que les opérations militaires nous parurent bien fatales aux puissances alliées.

D'abord, parce que le roi Bernadotte, qui avait passé dans nos murs il y avait huit jours, était tout à coup revenu à Coblentz. Je me trouvai à sa sortie de la ville, sur le pont de la Moselle, avec M. Godon, son ancien commissaire des guerres; il nous adressa la parole en ces termes : *Cette France est bien malheureuse!* Ces mots firent couler les larmes de son ancien ami Godon, qui lui dit alors : *mais on nous assure que les armées sont repoussées, et qu'elles vont repasser le Rhin.* — *Croyez-vous*, répliqua-t-il, *qu'elles reviennent si vite, comme en ballon?* Nous apprîmes ensuite que le roi Bernadotte, qui avait alors des vues sur la France, et qui voulait arriver à Paris en même temps que les autres rois, avait été effrayé des dispositions des habitans de Metz et des environs, qui partout s'insurgeaient et s'armaient, même contre lui personnellement. Il s'était hâté de revenir sur ses pas, soit pour éviter de tomber en leur pouvoir, comme le bruit s'en était alors ré-

pandu à Coblentz, soit parce que le chemin d
Paris lui était déjà fermé derrière l'ennemi.

En second lieu, parce que les militaires prus
siens, qui revenaient blessés des armées, disaien
avec désespoir que leurs camarades *ne reverraien
plus leur patrie, qu'ils mourraient tous en France

Mais ce qui nous confirma dans l'idée que l
coalition avait éprouvé de grandes pertes, ce fu
de voir arriver inopinément des ordres expédié
du quartier-général de l'empereur de Russie et du
roi de Prusse, datés de Vitry-le-Français, et por
tait l'injonction à tout ce qui était sur le der
rière, d'évacuer la France sur-le-champ. Ces ordre
annonçaient formellement que toutes les armée
étrangères allaient se retirer de l'autre côté du
Rhin; leurs administrations militaires et autres
même celle de Justus Gruner, devaient immédia
ment repasser le Rhin; on avait déjà emballé tou
les papiers: c'était chez eux une désolation gé
nérale.

A la réception de ces ordres, on prit encore de
mesures de sûreté pour assurer la retraite ordon
née. On prescrivit de nouveau de transporter en

Allemagne les Français, et même les habitans du pays qui avaient de l'influence et de l'attachement pour la France, lorsque, deux jours plus tard, au moment où le départ allait s'effectuer, la fatale capitulation de Marmont et la reddition de Paris furent annoncées par estafette, et les ordres d'évacuer révoqués.

Ici se place dans ma notice le récit du fait qui a changé pour les rois leurs sinistres en bonheur, et qui a terminé et accompli la trahison du maréchal Marmont. Ce fait est énorme, peu connu, et sans exemple dans l'histoire des nations détruites par des traîtres.

J'ai dit que les ordres officiels pour l'évacuation de la France avaient été expédiés de Vitry-le-Français à Coblentz ; ils le furent à la suite d'un conseil tenu, dans la nuit du 21 au 22 mars 1814, par Alexandre, Frédéric et lord Castelreagh. Mais le 23 mars, lorsque la résolution de sortir de France s'exécutait, que l'évacuation était commencée, que les troupes étrangères fuyaient déjà vers Châlons-sur-Marne, les choses changèrent de face. M. de Polignac, en transfuge éternel et incorrigible, arriva en toute hâte à Vitry pour annoncer aux deux souverains, que tout était convenu, arrêté, préparé; que les conjurés de Paris avaient agi efficacement. Talleyrand s'était mis à la tête en présidant le sénat, quoique sans pouvoir, afin de faire prononcer la déchéance de Napoléon, laquelle n'aurait eu aucun effet sans l'abdication que l'Angleterre sut arracher précipitamment de l'empereur à Fontainebleau, comme nous l'expliquerons tout à l'heure; enfin, que les voies d'un succès complet lenr étaient ouvertes.

Et le lendemain 24, quand la gloire et la prépondérance de la France allaient s'accroître encore par les coups que le génie de Napoléon se disposait à porter, la trahison détruisit toute espérance : le maréchal Marmont passa secrètement à l'ennemi, déguisé en villageois, dans le but de s'entendre avec les généraux russes, et de les engager à marcher au plus vite sur Paris, leur traçant leur itinéraire. Et ils allaient opérer leur mouvement de retraite ! Et ils étaient cernés par les forces supérieures du corps d'armée du traître, jointes à celles de l'empereur !

Voici des détails certains sur le déguisement de Marmont.

Il était descendu chez les frères Lancelot, cultivateurs au village de Soudé-le-Grand; là, il se dépouilla de ses habits et de ses insignes de maréchal; il y laissa aussi son cheval tout équipé, pour prendre une blouse et une casquette de paysan; puis il pria ces deux cultivateurs, une heure avant la pointe du jour, de le conduire sur la ligne de ses avant-postes, voulant s'assurer, disait-il, si le service se faisait bien. Ayant dépassé la ligne française, ces deux cultivateurs lui firent observer qu'il y avait danger à aller plus loin, parce que les vedettes ennemies étaient en face. Vous vous trompez, leur dit-il; d'ailleurs vous pouvez vous en retourner, je saurai à présent regagner seul le village. Il ne revint plus! Ces cultivateurs, étonnés d'être ainsi renvoyés, eurent la curiosité de le suivre des yeux. A son approche, les vedettes présentèrent les armes: elles le reconnurent donc malgré son déguisement? Leur surprise redoubla, lorsque survint vers lui tout le poste avancé de l'ennemi, qui se mit sous les armes pour laisser passer le maréchal ainsi travesti. Environ une heure après, les troupes que Marmont avait abandonnées se trouvèrent attaquées par les Russes, qui s'emparèrent du village de Soudé-le-Grand, où un piquet de cavalerie russe se dirigea avec précipitation directement sur la maison des deux cultivateurs, quittée par Marmont à peine depuis une heure ; ces cavaliers y prirent, comme butin, l'habit, le chapeau, et le cheval tout équipé, que le maréchal avait laissés chez ces deux cultivateurs, lesquels peuvent encore déclarer que les Russes venus chez eux étaient si bien aux ordres de Marmont, que ces mêmes Russes lui ont aussitôt remis son habit, son chapeau et son cheval, avec lesquels il reparut et revint se mettre, à quelques lieues en avant de Vitry, à la tête de l'armée française qui ignorait d'où il venait, et qui, sous ses ordres, précéda les Russes et marcha vers Paris, où la fatale capitulation fut alors signée.

On fera remarquer que le conseil des rois, tenu à Vitry, où il avait été irrévocablement décidé de sortir de la France, n'avait eu lieu qu'en suite du refus de signer le traité de Châtillon, et d'après les paroles qui n'avaient point été téméraires de la part de Napoléon, lorsqu'il avait dit qu'il ne traitait pas avec ses prisonniers : c'était pour l'éviter qu'Alexandre, Frédéric et lord Castelreagh, n'ayant plus assez de confiance en Marmont dans ce moment, résolurent subitement leur retraite, qui eût été plus honteuse et plus funeste pour eux, que celle faite dans cette même Champagne, par la Prusse en 1792. Les embranchemens de nos rivières dans cette province rendront toujours impossibles des triomphes sur nos armées, dès qu'elles auront des généraux fidèles au pays.

Ce qu'apprendront encore avec douleur ceux qui liront cet écrit, c'est que le 25 mars, un Français zélé, M. Bouffard, ancien ecclésiastique de la commune de Giffaumont, près de Vitry, voulut le premier instruire l'Empereur de la résolution, prise dans la nuit, pour évacuer la France, et de l'arrivée de Polignac près des rois à Vitry. Eh bien! l'Empereur ne *l'a jamais su!!* M. Bouffard s'était hâté d'aller à son quartier impérial : il s'adressa au maréchal Oudinot, comme ayant une nouvelle très-importante à communiquer à l'Empereur; sous le prétexte que Napoléon dormait, le maréchal Oudinot refusa de l'introduire, quoique cet ecclésiastique soutint que l'Empereur serait content d'être réveillé pour savoir sa nouvelle : le maréchal Oudinot pressa alors M. Bouffard de la lui confier ; lorsqu'elle lui fut dite, il répondit pour l'éconduire : *Ah ! si ce n'est que cela, l'Empereur le sait*; mais elle lui fut cachée par ce maréchal, car s'il en eût fait part à l'Empereur, un personnage qui était avec lui à Sainte-Hélène, ne m'aurait pas dit en lui communiquant cette notice avant sa publication, que Napoléon, dans ses entretiens, n'avait su s'expliquer comment il avait pu être desservi par ce maréchal, dont il avait lieu d'être mécontent. L'occasion n'est pas venue de s'expliquer à cet égard. Non, l'Empereur n'a point été instruit de toutes ces circonstances, sans quoi il eût donné des ordres et pris des mesures pour paralyser la trahison ; et, dans les Mémoires sortis de Sainte-Hélène, il se trouverait quelque flétrissure pour les coupables. On peut assurer que l'âme si grande de l'Empereur, si française, aurait eu bien à souffrir, si, à Sainte-Hélène, avant de mourir, il eût appris la conduite du maréchal Oudinot.

Qu'on me permette une courte digression.

Si le maréchal Marmont et le prince de Polignac se sont entr'aidés pour détruire la quatrième dynastie des hommes qui ont régné sur la France, dynastie consolidée comme après une existence de plusieurs siècles, il est très-remarquable que, faute d'habileté et de talens, ils aient été ensuite les instrumens directs de la perte des Bourbons, qu'ils étaient parvenus à faire rétablir sans légitimité, sur un trône légitimement occupé, par les moyens ignominieux que ma notice constate.

Au milieu des malheurs qui environnaient Napoléon, rien ne pouvait affaiblir sa magnanimité. Je vais citer un trait qui, jusqu'à ce jour, était resté dans l'oubli.

On connaît le fait brillant de Montereau où l'empereur, avec six mille hommes, défit trente mille Bavarois et Hessois, qu'il précipita dans la Seine, au pont même de la ville; ils y périrent presque tous. Napoléon avait en vain, et à plusieurs reprises envoyé des ordonnances au maréchal Victor, pour lui ordonner de venir en toute hâte se réunir à lui avec son corps qui comptait environ dix mille combattans. Victor ne vint pas ; mais après la victoire, obtenue avec si peu de troupes, l'empereur se transporta au village de Marolles, chez le maire qui avait logé le prince de Hesse. Il lui dit, en arrivant : — Vous aviez cette nuit, M. le maire, le prince de Hesse! — Oui, sire. — Quelles étaient ses forces? — Environ cinq mille hommes de cavalerie. — Par où sont-ils partis? — Par le pont de Nogent (que devait garder le maréchal Victor). — Et si ce pont eût été défendu, par où se seraient-ils retirés? — Ils auraient dû se rendre, sire; car ils n'avaient que ce passage pour opérer leur retraite. Sur cela, l'empereur se retourne vers le général Cafarelli : Qui donc a pu me faire nommer Victor au nombre des maréchaux? Et aussitôt il lui dicte et signe le décret qui prive le maréchal Victor de toutes ses dignités. A peine le décret était-il signé, que ce maréchal arriva à Marolles où l'empereur se trouvait encore. On lui en fait part; — Ne l'a-t-on pas prévenu qu'il n'était plus rien ? — Oui! Sire, et il a répondu qu'après ce qu'il venait d'éprouver, celà lui était fort indifférent. — Que veut-il dire par là ? — Son gendre, en renversant l'ennemi sous vos ordres, vient d'être tué ! — Ah ! s'écria l'empereur, déchirez ce décret !

Victor apprit bientôt cet acte de générosité de Napoléon ; mais loin d'en conserver un souvenir de reconnaissance à celui qui avait été son bienfaiteur, il fut des premiers à se livrer aux rois que l'étranger sortit de ses bagages, pour les jeter en punition à la France guerrière.

Je reviens à mon sujet.

Il est évident que la retraite des coalisés aurait élevé la France à un degré de puissance supérieur à celui auquel, par ses plus éclatantes victoires, Napoléon l'avait placée. Que les lâches et les félons meurent au moins stigmatisés par la plume d'un patriote français.

Il faut conclure de tous ces faits, que les événemens de 1814 sont sans gloire pour les rois, et pour leurs armées, ces événemens ayant été le fruit d'un crime, auquel les rois eux-mêmes n'ont pas craint de s'associer.

S'il est constant que la France et Napoléon ont été livrés par des traîtres, et je ne pense pas qu'il soit permis d'en douter, les traités de 1814 ont été le résultat de la félonie, non l'exercice d'un droit de conquête; ces traités ne reposant pas sur le droit de conquête, mais seulement sur l'abus d'un succès immoral et criminel, la France de 1830 n'est-elle pas autorisée à s'en dégager (B)?

La capitulation de Marmont et les traités qui suivirent, n'eurent pas seulement pour la France les conséquences fâcheuses dont elle se plaignit; ils autorisèrent encore les rois coalisés à méconnaître toutes les promesses d'indépendance et de liberté qu'ils avaient faites à leurs peuples pour les engager à armer et à marcher contre Napoléon, à qui seul ils en voulaient, disaient-ils, et non à la France qui devait rester grande. L'Angleterre pressa l'abdication de Napoléon : elle craignit tout retard, même l'hésitation d'un moment, qui eût été fatal à ses desseins, car elle prévoyait la perte totale de son influence en Europe, si Napoléon eût fait la paix avec les autres monarques. Castelreagh mettait tant de hâte à conclure cette grande affaire, et y attachait tant de prix, espérant que l'or lui servirait d'aide puissant, qu'il fit insérer dans l'acte des arrangemens proposés à Napoléon une retraite énorme de six millions, avec l'île d'Elbe, ce qui parut si étonnant à Napoléon, qu'en écoutant la lecture de cet acte, il s'écria : « Six millions ! c'est beaucoup pour un soldat ! Mais on voulait surprendre sa signature avant que l'empereur d'Autriche n'arrivât. On doit dire à l'honneur de François II, que lorsqu'il eut trouvé les choses ainsi faites à son arrivée à Paris, il manifesta d'une manière sérieuse l'intention de conserver le trône français à son gendre. Tout étant terminé, on l'a vu pleurer sur le dénouement de ce grand drame, dénouement qui avait été obtenu et imposé contrairement aux dispositions convenues entre les autres rois et lui.

L'empereur d'Autriche était resté si mécontent après les événemens de Paris; que forcé, en 1815, de marcher encore avec l'Angleterre, la Prusse et la Russie, il avait donné l'ordre au général Veissenberg de n'entrer en France qu'avec ménagement par Genève, et de faire armistice avec Napoléon, aussitôt que les Prussiens seraient battus : c'est un miracle qui les a sauvés. Cet ordre de faire armistice me fut communiqué à Paris en 1816, par un indigène de Coblentz, qui avait été le condisciple de M. de Metternich au collége de cette ville, M. de Radermacher, conseiller intime de l'empereur d'Autriche, qui l'accompagnait toujours dans ses voyages, comme chargé de l'état civil de la famille impériale.

Et lorsque lord Castelreagh eut ainsi trompé l'empereur d'Autriche et renversé les intérêts de sa politique; que tous les souverains se furent décidés non sans remords ni répugnance à concéder à cet Anglais l'existence entière de Napoléon, on vit venir Talleyrand, ce bourreau-né de tous les gouvernemens qu'il sert, donner dans une harangue adressée à l'empereur d'Autriche, le coup de pied de l'âne à Napoléon, disant *qu'à l'avenir on ne verra plus d'aventuriers monter sur les trônes.* Pour faire ce malencontreux compliment, le vieux diplomate oubliait-il deux autres rois conservés, quoique fort bourgeois, Murat et Bernadotte, ou croyait-il déjà leur élévation chose trop choquante, pour se soutenir avec l'ordre introduit par la trahison de Marmont? Ces deux bourgeois étaient sans conséquence aucune pour l'Angleterre, et c'est la seule raison pour laquelle on les laissa trôner.

On sait que Talleyrand représenta Louis XVIII aux traités de 1814, mais on ne sait pas généralement ce qu'il y mit d'odieux : ce fut de troquer tout le territoire de Sierck, sur la Moselle, contre la petite ville de Sarrebruck, parce qu'il y avait acheté des forges (1). Ainsi pour sa convenance, des milliers de Français furent étonnés d'être sacrifiés, de devenir Prussiens, lorsque l'article fondamental de la paix déclarait que le royaume conserverait les limites qu'il avait en 1790. Cet acte ne le dénonce-t-il pas au monde comme un traître? Ne démontre-t-il pas qu'il est indigne de toute confiance, et qu'il peut abuser de celle dont il est chargé depuis 1831 ? enfin qu'il y

(1) Après les événemens de 1815, Sarrebruck fut repris ; la Prusse conserva le pays de Sierck sur la Moselle, et alors Talleyrand vendit ses forges.

a danger pour la France, pour ses intérêts, de le maintenir dans sa mission?

Si l'empereur Alexandre n'eût point laissé soupçonner qu'il savait avoir été dupe des intrigues du ministère Anglais, il n'eût probablement pas trouvé à Tangarog une mort semblable à celle de Paul, son père. Tous deux ont été punis, celui-ci pour ses relations sincères avec Napoléon, l'autre, pour sa promesse au fils de Napoléon. Voici les propres termes de l'engagement qu'avait pris l'empereur Alexandre à cet égard. Étant allé faire ses adieux à Vienne, en 1814, à Marie Louise, cette princesse lui dit : *Sire, je ne demande rien pour moi, mais tout pour mon fils*; Alexandre lui répondit : *Madame, vous avez ma promesse, je ferai tout et pour lui et pour vous.* Puis il lui demanda la permission de lui baiser la main. C'est ainsi qu'ils se quittèrent. L'Angleterre a dû en savoir quelque chose. La mort violente de Castelreagh est encore un mystère.

Celle du fils de Napoléon, après les événemens de 1830, lorsque les rois virent tout à coup les sympathies du peuple français pour lui , a fait regarder cet événement comme extraordinaire, comme un fait de politique que le temps expliquera peut-être un jour.

Tout cela dérive du renversement de Napoléon en 1814.

Et ce renversement qui cause la longue perturbation du monde , atteste que la politique émanée des principes proclamés en 89, veut que ces principes s'établissent malgré la résistance insensée des rois et de leurs sectaires ; car il est dans l'ordre physique de la nature , que toute digue doit se rompre et ne pouvoir arrêter qu'un certain temps un mouvement droit et continuel.

L'Angleterre fit donc sa part comme elle l'entendit, dans les traités et conventions de 1814. Les Bourbons ne purent rien lui refuser (1). Toutes les

(1) Louis XVIII était tellement convaincu des services que leur avait personnellement rendus l'Angleterre, que, rentré en France, il s'empressa d'écrire au prince-régent, *qu'il reconnaissait ne devoir qu'à lui , après Dieu, sa couronne et son trône.*

possessions françaises d'outre mer, qui étaient à sa convenance, furent sa proie d'abord, avec l'île de Malte, et puis n'osant point s'emparer sous son nom de la Belgique, elle en fit un échange avec le cap de Bonne-Espérance, qu'elle se fit céder par la Hollande, en se réservant toutefois, la suzeraineté et son intervention armée, le cas échéant, pour avoir le pied sur la France à la première querelle, ce qui lui permit d'y envoyer lord Wellington, presque tous les ans, examiner et inspecter l'état des forteresses élevées contre la France, outre les places fortes françaises, prises comme points hostiles, occupées d'avance par les alliés. Voilà comme on a tenu la promesse que la France resterait grande !

J'ai dit ce qu'on ignorait ou ce qu'on savait mal ; j'ai rempli un devoir.

J'ai marqué au front, du sceau de l'infamie, quelques hommes destinés à une célébrité malheureuse : c'était un engagement d'honneur que j'avais pris envers le pays.

MARMONT, POLIGNAC, VICTOR, TALLEYRAND, j'appelle la France entière à vous juger : pour moi, patriote, qui ai fait tomber quelques pierres de la Bastille devant un peuple affamé de liberté, ma conscience d'honnête homme et de Français a prononcé sur vous : ma voix attachera vos noms au pilori de la postérité !

FIN.

NOTES HISTORIQUES.

———

(A) Ces habitans n'auraient pas manqué, au premier appel, de se dévouer pour rester Français. C'est ce département, à la fin de 1812, qui avait donné l'exemple à toute la France de ce qu'elle avait à faire après nos malheurs en Russie. Avant l'arrivée de Napoléon à Paris, le lendemain du jour où il avait passé à Mayence, la nouvelle en étant venue aussitôt à Coblentz, toutes les autorités furent appelées par M. Doazau, préfet, à signer une adresse à l'empereur pour lui déclarer que les habitans du département de Rhin et Moselle étaient prêts à faire à la patrie tous les sacrifices, en hommes, en denrées et en argent, qu'exigeaient les pertes annoncées par le *Bulletin officiel*. Et en conséquence l'auteur de cet écrit, qui avait provoqué ces offres, fut envoyé à l'instant par le préfet pour convoquer les conseils municipaux, qui tous, après délibération, arrêtèrent de fournir par chaque canton 10, 15, 20 et même trente hommes armés et équipés. Et dans le sein de ces conseillers municipaux , on entendit des paysans riches à 5o et 100 mille francs, dire qu'ils n'hésiteraient pas à donner la moitié de leur fortune, plutôt que de voir arriver les Russes chez eux. Aussi, M. de Montalivet, en recevant notre adresse, s'est-il empressé d'aller au lever de l'empereur l'instruire d'un si beau dévoûment, et de faire part ensuite au préfet de l'accueil que des sentimens si patriotiques avaient reçu du chef de l'État.

(B) Il est naturel de le croire, et je suis d'autant plus fondé à le soutenir, que les Bourbons, malgré les traités, pendant la durée de la restauration, n'avaient jamais renoncé à la possession des rives du Rhin, pour lesquelles les puissances étrangères avaient reçu des territoires bien plus étendus et plus riches en compensation par les divers traités faits avec Napoléon. Et la preuve de ce que j'avance est la confidence qui me fut faite en 1828, par M. le baron Capelle, en ces termes : « Ah! si la première campagne de la Russie sur le Balkan n'eût pas été malheureuse , c'en était fait : on était d'accord ; la France reprenait les bords du Rhin, et vous y eussiez été renvoyé des premiers. »

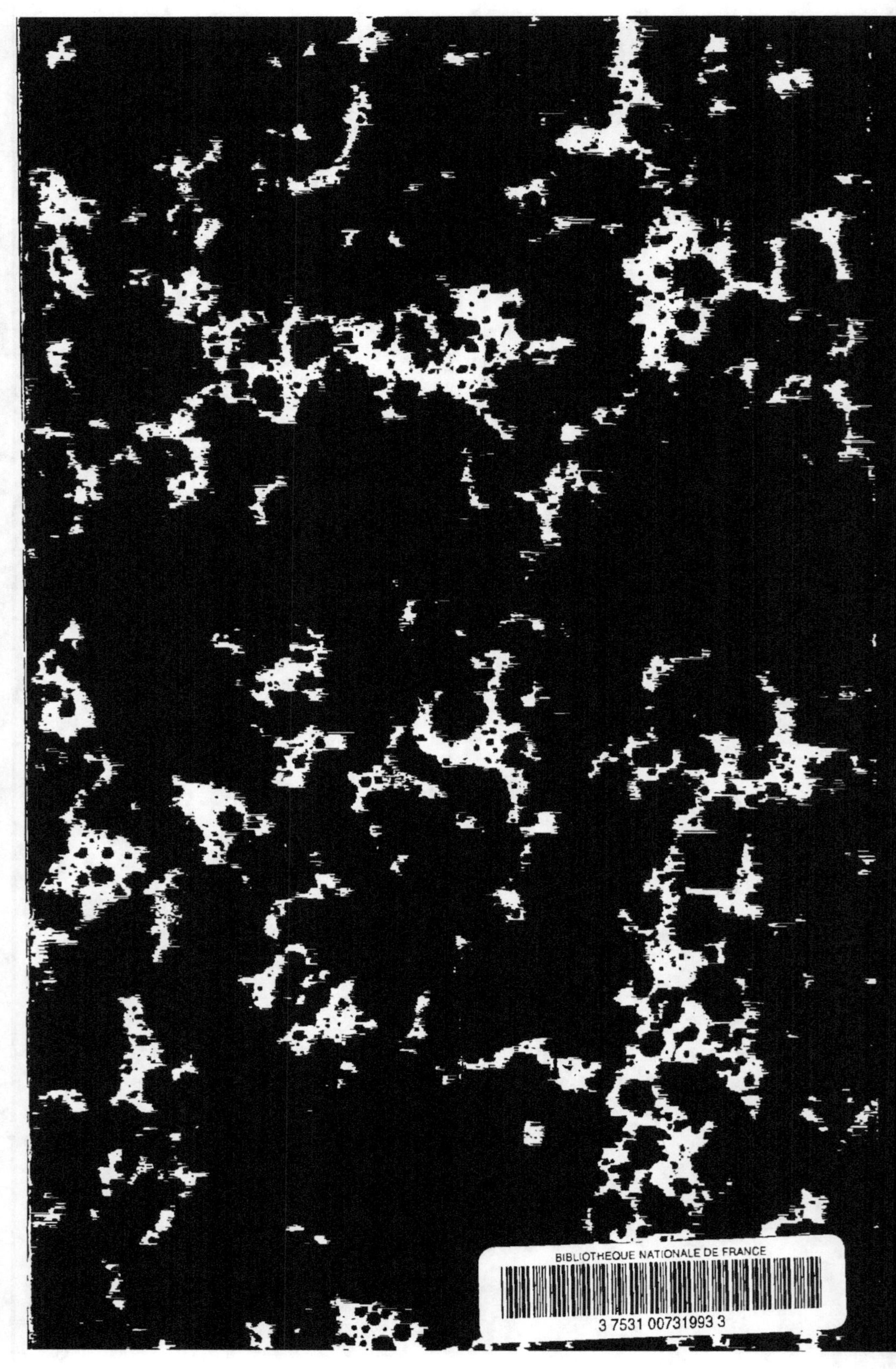

BIBLIOTHEQUE NATIONALE DE FRANCE
3 7531 00731993 3

www.ingramcontent.com/pod-product-compliance
Lightning Source LLC
Chambersburg PA
CBHW061620060726
47597CB00005B/1725